LES
ALLEMANDS DANS LES VOSGES
EN 1870.

COMBATS

DE LA BOURGONCE

ET DE

RAMBERVILLERS.

RAMBERVILLERS,
Ch. **MÉJEAT** Jeune, Imprimeur-Éditeur

1881

Les Allemands dans les Vosges en 1870.

COMBATS

DE LA BOURGONCE

ET DE

RAMBERVILLERS

Le 2 octobre 1870 le général Dupré, commandant un corps d'opération dans les Vosges, s'établissait personnellement à Bruyères avec la moitié de ses forces et détachait le reste à Corcieux, sous les ordres du lieutenant-colonel Hocdé, du 32ᵉ régiment d'infanterie de marche.

Les forces totales dont disposait le général Dupré s'élevaient à onze mille hommes environ; elles se composaient de deux régiments d'infanterie de marche de quatre bataillons de mobiles, de quatre pièces d'artillerie et de quelques pelotons de cavalerie à peine suffisants pour l'éclairer, quelques centaines de francs-tireurs étaient venus spontanément se mettre sous ses ordres.

Le 5 octobre, le général Dupré prevenu d'un mouvement de l'armée allemande, adressait au commandant de la colonne de Corcieux, l'ordre de concentration suivant : (1)

« Le lieutenant-colonel, commandant la colonne de Corcieux, se rendra immédiatement au *Haut-Jacques,* en passant par Taintrux et Rougiville, avec ses trois bataillons et ses deux pièces d'artillerie. Les deux pièces d'artillerie pousseront jusqu'à la scierie qui se trouve à l'embranchement de la route de la Bourgonce.

« Les bataillons de la ligne coucheront au *Haut-Jacques,* et la batterie d'artillerie à l'embranchement indiqué.

« Le bataillon de mobiles couchera à *Rougiville* et gardera, avec le plus grand soin, la route qui descend la vallée, en poussant des avants-postes jusqu'à *La Bolle.*

« Demain à six heures précises du matin, les bataillons se dirigeront par un chemin de forêt qui les conduira à *La Bourgonce,* où ils devront être arrivés à huit heures du matin.

« Quant aux batteries d'artillerie, elles partiront à cinq heures du matin et arriveront à *La Bourgonce* à huit heures.

« Tous ces mouvements se feront sans bruit de clairon ni de tambour; les troupes bivouaqueront sous bois ainsi que l'artillerie et se garderont avec le plus grand soin sans laisser voir leurs sentinelles. On ne fera aucun feu ni aucune sonnerie.

---

(1) J'ai en ma possession l'original de l'ordre du général Dupré : Les nombreuses surcharges dont il est couvert font voir que les renseignements qui lui étaient parvenus ne laissaient pas un instant à perdre. L'ordre, du reste, par sa précision, ne laisse rien à désirer.

« En approchant de *La Bourgonce* les armes devront être chargées.

« *Bruyères, le 5 octobre 1870.*

« Le Géneral Commandant la brigade d'opération
des Vosges,

« D U P R É .

« P. S. Un guide se trouvera au *Haut-Jacques* pour indiquer le chemin à suivre. »

Ordre était transmis en même temps au commandant de la garde nationale de Rambervillers, le brave major Petitjean, de prendre position à l'embranchement des routes de Raon-l'Étape et d'Etival et de garder le *Col-de-la-Chipotte*.

Le six octobre, vers huit heures du matin, les français occupaient les positions qui leur avaient été assignées et se trouvaient bientôt en face d'un corps de douze mille allemands. Ce corps comprenait environ quinze cents cavaliers et dix pièces de canon.

Le combat commença aussitôt avec la plus grande énergie. Les quatre pièces françaises en batterie entre les côtes des *Jumeaux*, dans un chemin creux, enlevaient des rangs entiers. Les allemands cédaient peu à peu le terrain. A onze heures et demie, le général Dupré atteint d'une balle qui lui traversa le visage entre le menton et les lèvres, dut céder le commandement au lieutenant-colonel Hocdé ; par suite du mouvement de retraite de l'ennemi, les quatre pièces françaises vinrent, à ce moment même, se mettre en batterie devant les premières maisons de *La Bourgonce*.

Les français avançaient lentement, mais sûrement ! Pendant toute la matinée, un défilé de la forêt, entre

Lasalle et *Saint-Rémy,* fut défendu par les francs-tireurs qui s'étaient mis sous le commandement de Melle Litz, directrice des Postes à Lamarche, décorée depuis: chargés un peu avant midi par un gros de cavalerie ils demeurèrent impassibles et, grâce à la justesse de leur tir, pas un cavalier ennemi n'arriva jusqu'à eux.

Les corps français pleins d'ardeur avançaient toujours. Le lieutenant-colonel Hocdé commandant en chef et le commandant des mobiles, Brisac, depuis général, faisaient des prodiges de bravoure; l'artillerie française établie vers une heure sur un mamelon dans la direction de *Lasalle,* avait conservé ses quatre pièces et faisait éprouver à l'artillerie allemande des pertes considérables ; elle était commandée à cette heure par un élève de l'école Polytechnique, tous ses officiers ayant été mis hors de combat.

De une heure et demie à deux heures, l'ennemi cédait le terrain sur tous les points ; nos soldats criaient victoire !..... malheureusement le commandant en chef Hocdé se trouvait atteint, en ce moment suprême, par un éclat d'obus qui lui brisait une jambe et un bras; une nouvelle colonne allemande de 2,000 hommes venue de Saint-Dié renforçait nos ennemis; nos pauvres soldats fatigués par une lutte incessante et acharnée de six heures, privés d'unité dans le commandement furent vite pris par la tristesse et le découragement, et se mirent en retraite dans la direction de Bruyères.

Les allemands, malgré les renforts qui leur assuraient la victoire, avaient fait des pertes si considérables, qu'ils ne purent songer à inquiéter notre retraite.

Le lieutenant-colonel Hocdé avait été transporté, après sa grave blessure, au presbytère de La Bour-

gonce, chez le desservant, M. l'abbé Bayard. Il subit
le jour même avec le plus grand courage une double
amputation, opérée avec la plus grande habilité par
les chirurgiens allemands. Pendant deux jours on
conserva l'espoir de le sauver; mais il succomba
le neuf octobre dans la matinée.

C'est aussi au presbytère de la *Bourgonce*, que le
six octobre au soir, le général commandant l'armée
allemande vint établir son quartier général; les
rapports déposés successivement par tous les chefs
de corps, firent bientôt comprendre l'importance des
pertes éprouvées dans la journée, pertes qui s'éle-
vèrent à trois mille quatre-vingt-cinq hommes tués
ou blessés. Les officiers allemands constataient avec
colère qu'ils avaient perdu là plus d'hommes que
pendant toute la durée du siége de Strasbourg.

De notre côté nous comptions cinq cents morts et
huit cents blessés.

Les gardes nationaux de Rambervillers en rentrant
dans la nuit du six au sept, firent connaître au
commandant Petitjean leur intention formellement
arrêtée de défendre l'entrée de leur ville à l'armée
allemande.

Ce digne chef leur représenta que quelques centaines d'hommes, malgré leur valeur, ne pouvaient
espérer lutter, avec avantage, contre les forces qu'on
venaient de laisser à *La Bourgonce*, forces qui allaient
s'accroître tous les jours à la suite de la capitulation
de Strasbourg; que leur résistance pouvait amener
la destruction de la ville et compromettre la vie de
ses habitants; ils répondirent qu'ils avaient mûrement
pesé toutes ces graves éventualités ; que l'exemple
qu'ils allaient donner serait sans doute suivi partout,
que toute considération d'humanité devait s'effacer
devant le grand danger de la patrie.

L'administration municipale voulut faire aussi entendre ses conseils; un instant il fut question du désarmement des gardes nationaux, mais on dut bien vite renoncer à cette mesure, dont l'exécution aurait été de toute impossibilité.

Le sept à deux heures du soir, cinquante cavaliers ennemis entraient au galop par la route de Baccarat et venaient s'arrêter en face de l'hôtel de ville. *Le cri aux armes* retentissant de tous côtés, ils firent immédiatement volte face, l'officier se bornant à notifier l'ordre d'avoir à livrer les armes à quatre heures.

On se mit immédiatement à établir des barricades en tête des routes et chemins aboutissants à Rambervillers, dans la direction de Saint-Dié surtout ou, selon toute prévision, l'ennemi devait déboucher; la nuit venant on établit des postes partout et on attendit.

L'ennemi ne devait pas se présenter ce jour là; il en fut de même le lendemain huit. Les pertes essuyées à La Bourgonce demandaient un temps relativement long de réorganisation. Ce ne fut qu'à l'arrivée du général Werder, avec les réserves qui étaient sous ses ordres, que le mouvement en avant fut décidé.

Le huit au soir, les allemands mirent le feu aux dix principales maisons de la Bourgonce, dont deux déjà avaient été incendiées par leurs obus dans la journée du six. Pourquoi cette vengeance exercée contre de pauvres gens qui n'avaient pris aucune part au combat? eux-mêmes, sans doute, ne pourraient le dire!

Le neuf, au matin, leur avant-garde se dirigeait sur Rambervillers, et, à une heure et demie de l'après-midi, le guetteur du clocher signalait une compagnie de cavalerie sur la route de Raon.

La générale et le tocsin appellent aux armes les gardes nationaux. Les premiers réunis se dirigent en hâte sur le faubourg où doit déboucher la compagnie signalée. Les hommes qui composent cette compagnie arrivent bientôt en effet, mettent pied à terre et se rengent derrière la maison Kesler, ouvrant sur les gardes nationaux, qui s'avancent en s'abritant entre les maisons, un feu nourri ; mais voyant le nombre de ces gardes nationaux augmenter de minute en minute; ils remontent à cheval, se partagent en deux groupes et prennent, au galop, les routes de Saint-Dié et de Raon.

Il était dès lors certain que c'était par ces deux routes que l'ennemi allait faire irruption sur Rambervillers. Le commandant Petitjean donne immédiatement ses ordres : quatre-vingts gardes nationaux prennent position au cimetière, point capital à défendre, parcequ'il se trouve situé à quelques centaines de mètres au-dessous de la jonction des routes de Saint-Dié et de Raon ; soixante à la barricade du faubourg de Saint-Dié ; vingt-cinq à celle de la tuilerie ; vingt-cinq, enfin, en tête de la route de Baccarat; soit au maximum deux cents hommes, dont l'immense majorité n'avait pas servi, et qui, décidés à tous les sacrifices, allaient, pendant plusieurs heures, lutter un pour dix, contre des soldats aguerris, décidés à venger les pertes éprouvées par eux trois jours auparavant.

Le commandant Petitjean ayant pris position au cimetière en fit immédiatement créneler les murs; cette opération était à peine terminée que deux colonnes d'infanterie étaient signalées, l'une sur la route de Saint-Dié, l'autre sur la route de Raon. Ces

deux colonnes présentaient une force de deux mille
hommes environ; chacune d'elle était précédée d'une
compagnie de cavalerie.

Le combat s'engagea aussitôt ; au nombre des
gardes nationaux réunis au cimetière se trouvaient
quelques tireurs exceptionnels, armés de fusils de
précision et la plupart de leurs coups mettaient un
ennemi hors de combat; les allemands, au contraire,
ne pouvaient distinguer les combattants qu'à de
rares intervalles, et la multiplicité de leurs feux de
pelotons ne faisaient que de rares victimes; à
plusieurs reprises des détachements furent envoyés
en reconnaissance à droite ou à gauche, afin de voir
s'il n'existait pas une autre voie pour pénétrer dans
la ville ; mais accueillis partout à coups de fusils,
ils persistèrent pendant une heure et demie à
forcer le passage qui était devant eux; lassés enfin
d'une résistance dont rien ne faisait prévoir le
terme, le commandant divisa ses forces en deux
colonnes, dont l'une tourna le cimetière par la
droite tandis que l'autre le tournait par la gauche
en se dirigeant sur la forge Bourion. Ordre fut immédiatement donné de battre en retraite sur la barricade de la tuilerie, commandée par MM. Besson,
capitaine en retraite, et Dussourt, officier démissionnaire depuis plusieurs années. La colonne de droite
attaqua vivement cette barricade, mais elle fut dé-
fendue avec l'énergie du désespoir, et ses approches
furent bientôt couverts de cadavres ennemis. Un
dernier assaut réussit enfin et les français se reti-
rèrent de maison en maison jusqu'à la barricade
établie au coin du café Henriot, barricade qui fut
emportée à son tour après une vive résistance.

La nuit était venue, toute continuation de lutte
impossible et les gardes nationaux se hâtèrent de

gagner le bois de Padozel, d'où ils se mirent en retraite dans la direction d'Epinal, par Vomécourt et Padoux.

Les allemands se retranchèrent sur la place, détachant des patrouilles dans toutes les directions. Six habitants non armés, rencontrés dans les rues, furent fusillés à bout portant ; l'un était un malheureux idiot qui se promenait en chantant, les mains dans ses poches.

Atrocités plus grandes encore le lendemain, si possibilité il y a ; Les allemands ne voulurent pas reconnaître à nos gardes nationaux les droits de belligérants. Dès le matin des perquisitions furent opérées dans toutes les maisons, et les blessés qui y avait été recueillis furent fusillés. Un exemple suffira pour donner une idée de la fureur dont ils étaient animés. Un garde national nommé Noirclair, charpentier, ancien militaire, ayant fait plusieurs campagnes, blessé pendant le combat, avait été transporté dans une maison de la rue du Cor ; il fut pris dans son lit, trainé jusqu'à la rue des Vosges et achevé à coups de feu et de bayonnettes. Son corps ne comptait pas moins de quarante-six blessures.

C'est ainsi que les allemands vengeaient leurs pertes de la veille, pertes très-considérables si l'on tient compte du petit nombre de combattants français ; ils ont avoué cent quatre-vingts morts, dont presque tous les officiers montés ; le nombre de leurs blessés dut s'élever à plus du double. Les deux cents gardes nationaux de Rambervillers avaient donc mis hors de combat cinq cent cinquante à six cents ennemis.

En arrivant le onze à Rambervillers, le général en chef, Werder, fit saisir les notables et tous les conseillers municipaux ; il exigea dans les vingt-quatre heures, sous peine d'incendie et de pillage de

la ville, une contribution de guerre énorme. « Vous
« êtes heureux, leur dit-il, que mes canons ne soient
« pas arrivés à temps, votre ville serait en cendres. »
Personne hélas ! n'en doutait....

Il déplora, en termes amers, la mort du major
Berkfeld « son meilleur ami. » Lui, disait-il, qui a
planté notre drapeau sur la cathédrale de Strasbourg,
venir se faire tuer ici !... et ses yeux lançaient des
éclairs... Nulle atténuation des conditions faites
n'était possible, on dut s'incliner.

Nos pertes, à Rambervillers, furent de neuf hommes
tués pendant le combat ; le chiffre des morts s'éleva à
trente par suite de l'exécution des blessés et des
habitants inoffensifs. Sept blessés seulement, dont
le capitaine Besson qui avait été atteint d'une balle
au ventre à la barricade de la tuilerie, purent être
soustraits aux recherches et conservés à leurs
familles.

Le combat de Rambervillers, arrêta de quarante-
huit heures la marche de l'ennemi et permit au
général Cambriel de faire sa retraite sur Belfort et
Besançon sans être inquiété.

Après la paix, le six juillet 1871, M. de Blignières,
Préfet des Vosges, demanda au commandant Petitjean,
un rapport sur le combat du neuf octobre, en le priant
de lui signaler les hommes qui, par l'intelligence et
le courage déployés ce jour là, méritaient plus par-
ticulièrement une récompense honorifique.

M. Petitjean convoqua tous les officiers pour établir,
de concert avec eux, la liste demandée par la Pré-
fecture, l'entente se fit sans difficulté aucune et le
commandant proposa :

Pour le grade d'Officier de la Légion d'honneur,
M. Besson, capitaine en retraite, blessé à la barricade
de la tuilerie.

Pour le grade de Chevalier, M. Dussourt, ancien lieutenant démissionnaire de l'armée, combattant à la même barricade.

Enfin pour la médaille militaire, les gardes nationaux Job, Retournard, Arnould et Pierre.

Hâtons-nous de dire que toutes ces distinctions étaient accordées très-peu de temps après par M. Thiers, chef du pouvoir exécutif.

Cependant les officiers de la garde nationale, connaissant la modestie du commandant Petitjean, lui avaient adressé, aussitôt après la réunion dont nous venons de parler, la lettre suivante :

« Vous avez pris le commandement de la garde nationale lors de son rétablissement.

« Vous l'avez organisée.

« Vous l'avez toujours conduite, avec autant de fermeté que de prudence, dans les expéditions qu'elle a été appelée à faire.

« Vous avez présidé à la défense de Rambervillers le 9 octobre 1870, et vous n'avez quitté le combat qu'alors que la ville envahie par deux mille allemands, les quelques gardes nationaux qui combattaient durent se disperser.

« Nous savons qu'il en coûtera beaucoup à votre modestie d'accéder à notre demande, nous vous prions, dans tous les cas, de joindre la présente lettre à votre rapport. »

Caractère élevé, M. Petitjean, engagé volontaire le 19 mars 1832, parvenu au grade de chef de bataillon le 15 novembre 1856, Officier de la Légion d'honneur, objet des plus grands éloges à toutes les inspections générales, conserva pour lui la lettre de ses officiers; quoi qu'il en soit, le malheur des temps peut à peine faire comprendre comment l'idée ne vint à personne, en haut lieu, que le commandant qui avait tout ordonné, tout prévu, devait être le premier récompensé. C'eût été un acte de justice accueilli de tous ses compatriotes avec une vive satisfaction.

Une statue commémorative en marbre blanc, due au ciseau du sculpteur Roger, de Rambervillers, un des combattants du neuf octobre, a été inaugurée en 1876, sur la place de l'hôtel de ville, en présence des Sénateurs et Députés du département. Jamais monument n'a rappelé plus de désintéressement, d'héroïsme et d'amour de la Patrie.

F. VUILLEMIN.

Rambervillers, Imp. Ch. Méjeat. 454. - 81